Die Wohlstandsillusion

Warum wir in Fülle leben wollen aber oft Mangel erschaffen

Die Wohlstandsillusion

Warum wir in Fülle leben wollen
aber oft Mangel erschaffen

Revision 1.05

Impressum

Umschlaggestaltung, Illustration: Thomas Herold
Lektorat: Klaus Schepers
Korrektorat: Susanne Wörz

Herstellung und Verlag: BoD – Books on Demand, Norderstedt

ISBN Paperback: 9783752639957
ASIN e-Book: B08RBTVPZT

Bibliografische Information der Deutschen Nationalbibliothek:
Die Deutsche Nationalbibliothek verzeichnet diese Publikation in der Deutschen Nationalbibliografie; detaillierte bibliografische Daten sind im Internet über http://dnb.d-nb.de abrufbar.

Inhalt

Über den Autor

Thomas Herold, Jahrgang 1963, lebte bis 1997 in Freiburg im Breisgau. Er studierte Elektrotechnik mit Schwerpunkt EDV, und gründete mit 21 seine erste Firma im Bereich Softwareentwicklung.

Seine Liebe galt allerdings schon in frühen Jahren der Metaphysik, und seine Reisen durch Indien prägten seinen weiteren Werdegang. Mit seiner nächsten Firma widmete er sich der Astrologie und erstellte eines der meist verkauften Programmpakete Astro Star im Europäischen Raum.

Danach hat er sich für 20 Jahre in den USA (Hawaii & Kalifornien) angesiedelt, und veröffentlichte über 35 Bücher für den Finanzmarkt. Durch die Finanzkrise in 2008 hat er tiefe Einblicke in das Finanzgeschehen erhalten, und seinen ersten Bestseller 'Money Deception' geschrieben.

Es folgte ein Finanzlexikon Serie mit 16 Titeln, die über 1000 der wichtigsten Begriffe aus dem Finanzwesen ausführlich beschreiben. Sein zuletzt publiziertes Buch 'High Credit Score Secrets' zeigt die Strategien für das Erreichen einer optimalen Kreditwürdigkeit auf.

Seit 2016 ist er wieder in Freiburg in Breisgau und schreibt metaphysische Kurzgeschichten. „Einsteins wichtigste Erkenntnis" ist seine erste Kurzgeschichte aus der Welt der Metaphysik.

Thomas Herold ist nicht nur Autor, sondern auch begeisterter Tangotänzer. Er ist Mitglied im Citizen Circle, einer Community für ortsunabhängiges Arbeiten, kreative Selbstständigkeit und persönliche Weiterentwicklung.

Weitere Informationen zum Autor und seinen Büchern gibt es unter: thomasherold.com oder auf amazon.de.

„Nicht weil es so schwer ist, wagen wir es nicht, weil wir es nicht wagen ist es so schwer.“ - Seneca (römischer Philosoph)

Wir leben in einer Welt, in der in den letzten 50 Jahren fast alles besser geworden ist. Das zu mindesten belegt Peter Diamandis[1], ein US-amerikanischer Luftfahrtingenieur, Gründer der X-Prize Foundation sowie Mitbegründer der International Space University und Singularity University in seiner Statistik[2].

Die Lebenserwartung weltweit steigt weiter an, und hat allein in letzten zehn Jahren um fast drei Jahre zugenommen. Sie liegt jetzt bei 72,6 Jahren, verglichen mit der Lebenserwartung vor nur einem Jahrhundert, als die meisten Menschen noch keine 40 Jahre alt wurden.

Nach Angaben der Internationalen Energieagentur (IEA)[3] haben neunzig Prozent der Weltbevölkerung Zugang zu Elektrizität.

Die Erzeugung von Solarenergie hat sich dabei von 2010 bis 2019 verzwanzigfacht, und ist mittlerweile die kostengünstigste Energiequelle! Fast 60 Prozent der Weltbevölkerung haben mittlerweile Zugang zum Internet. In den letzten zehn Jahren wurde die weltweite extreme Armut um fast die Hälfte auf 9,3 Prozent reduziert.

In den letzten 200 Jahren ist das Bruttoinlandsprodukt (BIP) der Welt um das Hundertfache in die Höhe geschossen. Die durchschnittliche Anzahl der Ausbildungsjahre[4], die die Menschen weltweit erhalten haben, ist von nur zwei Jahren auf etwa sechzehn Jahre gestiegen. Während um das Jahr 1800 nur zwölf Prozent der Menschen auf der Welt lesen und schreiben konnten, sind es heute 87 Prozent.

Es scheint, als ob es uns so gut geht wie nie zuvor – stimmt das wirklich?

Immer mehr Vermögen ist im Besitz
immer weniger Menschen

Über achtzig Prozent des weltweiten Vermögenswachstums[5] gehen an das reichste Prozent der Bevölkerung. Die Lücke zwischen Arm und Reich vergrößert sich weiter. Konzerne und Superreiche erhöhen ihre Gewinne in atemberaubendem Tempo. Der Abrutsch der Mittelklasse in die Armutszone in den USA zeigt sich – wenn auch nicht so dramatisch – auch in Deutschland.

Durch die weltweite Niedrigzinspolitik wird zwanghaft versucht die Wirtschaft vor einem Kollaps zu bewahren. Rein mathematisch gesehen wirkt das zum Vorteil der Reichen und zum Nachteil derer, die weniger verdienen.

Die Abgabenlast[6] eines alleinstehenden Durchschnittsverdieners beträgt in Deutschland 49,5 Prozent, und zählt damit im Vergleich zu anderen Industrienationen weiterhin zu den Spitzenreitern. Der Anteil der Miete am Nettoeinkommen lag noch vor zwanzig Jahren bei etwa 25 Prozent, und hat in manchen Städten bereits die 50-Prozent-Hürde überschritten.

Die wohlhabendsten zehn Prozent der Haushalte[7] besitzen zusammen etwa 60 Prozent des Gesamtvermögens.

„In fast keinem anderen Land in Europa sind Vermögen so ungleich verteilt wie in Deutschland. In den meisten Statistiken wird das wahre Ausmaß unterschätzt." – Hans Böckler Stiftung

Amazon hat Jeff Bezos mit einem Vermögen von 186 Milliarden Dollar zum reichsten Mann der Welt gemacht. Elon Musk, der Gründer von Tesla und SpaceX hat sich mit 133 Milliarden Dollar auf Platz drei katapultiert. Bill Gates, der Gründer von Microsoft führte jahrelang die Liste an, ist allerdings mit 120 Milliarden Dollar nur noch auf Platz vier. Mark Zuckerberg, der Gründer von Facebook, ist mit 103 Milliarden Dollar mittlerweile auf Platz fünf vorgerückt. Aktien, Immobilienwerte, Edelmetalle und Sammlerwerte haben Rekordwerte erreicht.

Apple, Microsoft, Amazon und Alphabet (Google) haben zusammen einen Marktwert[8] von über fünf Billionen Dollar. Schon eine Zahl von einer Million überschreitet unsere Vorstellungskraft. Eine Billion ist eine eins mit zwölf Nullen! Wenn Sie von null bis zu einer Billion zählen wollten, und eine Zahl pro Sekunde nennen, würden Sie ungefähr 32.000 Jahre dazu brauchen!

Laut einem Bericht[9] des WWF sind die Wildtierpopulationen in den letzten 50 Jahren um mehr als zwei Drittel zurückgegangen. Fast zwei Millionen Quadratkilometer Land sind verloren gegangen, was der achtfachen Größe von Großbritannien entspricht.

Eine Million Tiere sind vom Aussterben bedroht. Die Zahl der Erdbewohner hat sich im 20. Jahrhundert auf sechs Milliarden Menschen vervierfacht.

Bis 2015 haben wir mehr als 6,9 Milliarden Tonnen[10] Plastikmüll erzeugt. Etwa neun Prozent davon wurden recycelt, zwölf Prozent wurden verbrannt und knapp 80 Prozent landeten in Deponien oder in der Umwelt. In unseren Meeren schwimmen bereits mehr als fünf Billionen Plastikteile. Der Wasserverbrauch[11] ist heute neunmal höher als vor 100 Jahren. 800 Kubikmeter braucht ein Mensch heute im Schnitt pro Jahr, was 800.000 Litern entspricht. Allein um ein Kilogramm Rindfleisch zu erzeugen sind 16.000 Liter Wasser nötig.

Über 400 Atomkraftwerke weltweit produzieren jedes Jahr tausende Tonnen hochradioaktiven Müll, welcher bis zu eine Million Jahre sicher von der Biosphäre isoliert werden muss! Es gibt kein betriebsbereites Endlager für diese strahlenden und giftigen Abfälle. Die Kosten für die Abschaltung, den Abbau und die Entsorgung wird auf lange Sicht teurer werden als der weltweite Profit aller erzeugten Produkte und Dienstleistungen.

Kaum haben wir mit immensem Aufwand den winzigen Sprung ins Weltall geschafft, hinterlassen wir Müll. Ausgebrannte Raketenstufen, kaputte Satelliten, verlorene Schraubenzieher – etwa 85.000 Tonnen Schrott.

Nach Schätzungen der US-Raumfahrtbehörde Nasa[12] befinden sich derzeit rund 500.000 Teile, die bis zu zehn Zentimeter groß sind im Orbit. Eine erhebliche Gefahr für jeden weiteren Raketenstart.

Der Klimawandel, der unter anderem durch den zunehmenden Ausstoß von Treibhausgasen verursacht wird, führt zu extremen Katastrophen weltweit. Ein weiterer Anstieg der globalen Durchschnittstemperatur könnte das komplette Abschmelzen des Grönländischen Eisschildes bewirken, was den Meeresspiegel um sieben Meter ansteigen ließe. Die Folgen sind nicht auszudenken.

Die Liste von negativen Einflüssen auf unseren Wohlstand ließe sich noch lange fortsetzen. Es scheint, als ob wir mehr Probleme erschaffen als lösen.

Bevorzugen wir schlechte Nachrichten?

Die Medien überhäufen sich mit negativen Informationen, und man könnte den Eindruck gewinnen, die Welt ist nur noch ein einziges Desaster. Untersuchungen in Experimenten zeigen, dass wir aufgrund der Entwicklung unseres Gehirns eine sogenannte Negativitätsverzerrung[13] haben, da wir primär schneller auf Gefahren reagieren, und somit unser rationales Denken in den Hintergrund rückt.

Die Amygdala ist Teil des limbischen Systems im Gehirn. Sie ist unser Gefahrendetektor – unser Frühwarnsystem. Zusammen mit dem Hippocampus regelt diese Hirnregion emotionale Äußerungen und die Entstehung von Angstgefühlen. Es durchkämmt buchstäblich ununterbrochen alle Sinneseindrücke auf der Suche nach irgendeiner Art von Gefahr.

Das limbischen System entwickelte sich während einer Ära der menschlichen Evolution, in der wir ständig unmittelbaren Gefahren ausgesetzt waren. Das Rascheln im Busch war vielleicht nicht der Wind, sondern ein wildes Tier. Diese Einrichtung hat uns unzählige Male das Leben gerettet. In unserer heutigen modernen Welt sind wir diesen unmittelbaren Gefahren nicht mehr ausgesetzt, allerdings 'sucht' unsere Amygdala weiterhin nach Gefahren. Unsere absichtslose Aufmerksamkeit richtet sich deshalb hauptsächlich auf negative Nachrichten. Das Verhältnis unserer Aufmerksamkeit von negativen zu positiven News ist dabei 10:1. Die Medien und die Werbung machen sich das zunutze, und das Resultat können Sie jeden Tag selbst erleben.

Hinzu kommt, dass wir durch unsere negative Nachrichten-Konditionierung bereits eine negative Voreingenommenheit haben. Das bedeutet die Tendenz, negativen Details weitaus mehr Gewicht zu geben als positiven. Durch diese Erwartungshaltung werden unsere negativen Erwartungen erneut bestätigen. Letztendlich verbleiben wir somit in diesem negativen Geisteszustand.

Ein Ausstieg aus dieser Negativspirale ist nur möglich, indem wir unseren bewussten rationalen Verstand benutzen, um Informationen voneinander zu trennen, und vor allem auch Informationen aus anderen, nicht gängigen Quellen heranziehen.

Übrigens, das Wort Nachrichten entstammt etymologisch dem Wort ,Nachrichtung‘, also etwas, nach dem man sich zu richten hat.

Haben wir Wohlstand falsch definiert?

Woran liegt es, dass wir mit allen Mitteln versuchen Wohlstand zu erschaffen, dabei aber immense Schäden an unserer Umwelt hinterlassen, und sich die Wohlstand-Schere in den Industrienationen zwischen Reichen und Armen immer weiter öffnet?

Was verstehen wir unter Wohlstand?

Der Duden bezeichnet Wohlstand als das Maß an Wohlhabenheit, die jemandem wirtschaftliche Sicherheit gibt. Als Synonym werden Besitztümer, Geld[14] und Güter genannt. Die Bundeszentrale für politische Bildung definiert das Wort Wohlstand durch den Wohlstands-Indikator: ,im ökonomischen Sinn der Grad der Versorgung von Personen, privaten Haushalten oder der gesamten Gesellschaft mit Gütern und Dienstleistungen.‘

Dieser materielle Wohlstand oder Lebensstandard wird für eine Volkswirtschaft meist anhand einer Sozialproduktgröße (z. B. Bruttoinlandsprodukt oder Pro-Kopf-Einkommen) gemessen'. Erst im nächsten Abschnitt wird darauf hingewiesen, dass es eine Diskussion um den richtigen Wohlstands-Indikator gibt. Dort wird dann auch erwähnt, dass es neben dem materiellen Wohlstand, das persönliche Wohlbefinden im Sinne von Lebensqualität sowie die Dimension Ökologie, Umwelt und Nachhaltigkeit geben könnte.

Es verwundert also nicht, dass Wohlstand erschaffen erst einmal nichts anderes bedeutet als die Steigerung des Bruttosozialprodukts. Das ist der Wert, der die Gesamtheit aller Dienstleistungen und produzierten Güter in einem Wirtschaftsbereich während eines bestimmten Zeitraumes (gewöhnlich eines Jahres) darstellt.

Im Klartext bedeutet es, dass wir immer mehr freies Land und Wälder gegen Fabriken eintauschen. Es bedeutet mehr Verkehr auf der Straße und in der Luft, um mehr Produkte von A nach B zu transportieren. Es bedeutet, dass wir immer mehr Energie verbrauchen, und dadurch immer mehr Abfall und Schadstoffe erzeugen.

Es bedeutet auch, dass wir immer mehr Dienstleistungen monetarisieren, und zudem ständig neue Produkte erschaffen müssen, die sich verkaufen lassen. Noch bizarrer ist der Fakt, dass auch Krankheiten, Unfälle und Rüstungsgüter das BSP erhöhen.

Auf den Punkt gebracht: wir glauben, dass mehr Kriegsgerät mehr Wohlstand erzeugt! Vielleicht haben wir deshalb noch keinen dritten Weltkrieg, weil dem Abfeuern der ersten nuklearen Rakete dutzend andere Folgen. Mit Wohlstand hat das allerdings nichts zu tun, sondern mit Angst.

Für eine Weile mag unsere exzessive Expansion gut gehen, die Idee stößt allerdings irgendwann an seine natürlichen Grenzen. Der Atomphysiker und Philosoph Fritjof Capra hat in seinem Buch Wendezeit[15] schon 1983 folgende Aussage gemacht: „Die Unternehmer geben unglaublich viel Geld für Werbung aus, um das gegenwärtige Konsummodell aufrechtzuerhalten. Viele der auf diese Weise konsumierten Waren sind unnötig, verschwenderisch und oft direkt schädlich.

Der Preis, den wir für diese hemmungslose kulturelle Angewohnheit zahlen, besteht in einer stetigen Verschlechterung der wirklichen Lebensqualität. Die Wirtschaftswissenschaftler erkennen nicht, dass Wirtschaft nur ein Aspekt eines umfassenden ökologischen und gesellschaftlichen Gewebes ist – ein lebendiges System aus Menschen, die in ständiger Interaktion miteinander und mit ihren natürlichen Hilfsquellen stehen, von denen die meisten ihrerseits lebenden Organismen sind."

Wohlstand umfasst neben dem finanziellen Aspekt auch Bereiche wie Beziehungen, Gesundheit[16], Zufriedenheit und Natur.

Diese stellen wesentliche Bestandteile für unser Wohlbefinden dar, und werden bei der Messung unseres Wohlstandes völlig außer Acht gelassen. Wenn wir nicht alle Aspekte unseres Wohlbefindens messen, werden wir diese Bereiche nicht nur ignorieren, sondern wir versäumen auch, sie zu verbessern.

Was wir im Leben am meisten schätzen, definiert unseren wahren Wohlstand.

Alle Faktoren, die zum Wohlbefinden beitragen, könnte man als Lebenskapital oder Lebensvermögen bezeichnen. Wir kennen zwar den Preis für fast alle Dinge, aber selten ihren Wert. Wohlstand kann unter dem Gesichtspunkt dieser fünf Kategorien definiert werden:

- Sozialer Wohlstand
- Kultureller Wohlstand
- Natürlicher Wohlstand
- Produzierter Wohlstand
- Spiritueller Wohlstand

Sozialer Wohlstand ist die Gesamtheit der menschlichen Beziehungen, die das Leben aufrechterhalten und es reich machen. Er umfasst Gemeinschaft, Freundschaften, Spaß, Lehre und ein Gefühl der Zugehörigkeit. Zusammen bilden sie ein kulturelles Erbe, einen Schatz, der von Generation zu Generation in Form von erlernten Fähigkeiten, Bräuchen und menschlichen Verbindungen weitergegeben wird.

Kultureller Wohlstand bezieht sich auf den gesamten Umfang des menschlichen Geistes, einschließlich Sprache, Kunst, Geschichten, Musik und Ideen. Natürlicher Wohlstand bezieht sich auf die Erde selbst: die Mineralien, das Land, den Boden, die Ozeane, das Süßwasser, die Genome und das Biotop der Erde – alles, was nicht von Menschen geschaffen wurde.

Produzierter Wohlstand sind Dinge wie Geräte, Fabriken, Werkzeuge und jegliche physische Infrastruktur, die durch die Investition von menschlichem Kapital (Zeit, Arbeit, Ideen) und natürlichem Kapital (Ressourcen) geschaffen wurden. Produzierter Wohlstand trägt zu unserem allgemeinen wirtschaftlichen Wohlbefinden bei, indem er die Mittel für eine komfortablere und verbesserte Lebensqualität bereitstellt.

Zum produzierten Wohlstand gehört sowohl die private als auch die öffentliche Infrastruktur – Häuser, Haushalte, Geräte, Autos, Fabriken, Krankenhäuser, Schulen und Straßen. Es sollte auch neue Technologien, Designs, Patente, Prozesse und Ideen mit einbeziehen.

Spiritueller Wohlstand kann man auch als erweiterte Sicht des sozialen Wohlstands sehen. Es ist unsere Vorstellungskraft, Kreativität, Aufmerksamkeitsspanne, Verspieltheit und Spontaneität. Die Auswirkungen von spirituellen und religiösen Praktiken, Netzwerken und Institutionen, haben einen immensen Einfluss auf das Wohlbefinden des einzelnen sowie auf die Gemeinschaft und die Gesellschaft. Spiritueller Wohlstand ist die Quelle, aus dem sozialer Wohlstand und auch kultureller Wohlstand fließt. Es basiert zu einem großen Teil auf Eigenschaften wie Vertrauen[17], Verantwortungsbewusstsein, Zielstrebigkeit, Solidarität und Hoffnung.

Geld oder Währung wird nur benötigt, um Wohlstand zu übertragen, nicht um ihn zu schaffen. Der Zweck ist, Wohlstand zu schaffen, nicht Geld!

Geld scheint die Lösung für alles zu sein

Allein Deutschland plant im Jahr 2021 eine Neuverschuldung von 180 Milliarden Euro. Nimmt man die Einwohnerzahl Deutschlands mit etwa 83 Millionen Menschen und zieht davon Kinder, Studierende, Geringverdiener, Arbeitslose und Rentner ab, bleiben etwa 40 Millionen. Damit trifft jeden Berufstätigen eine neue Schuld von €4500.

Das ist aber nur die Spitze des Eisbergs, da die Bundesrepublik Deutschland zum Ende des 1. Halbjahres 2020 insgesamt eine Staatsverschuldung[18] in Höhe von 2,25 Billionen Euro hatte. Es ist der höchste Stand, der jemals in der Schuldenstatistik der Bundesrepublik Deutschland ermittelt wurde. Nimmt man diesen Schuldenberg, dann trifft jeden Berufstätigen eine Gesamtschuld von €56.250.

Die Schulden expandieren, nicht zuletzt auch wegen der Corona-Krise, in abenteuerliche Dimensionen. Am 10. Dezember 2020 erweiterte die Europäische Zentralbank ihren Schuldenberg um zusätzliche 500 Milliarden Euro auf 1,85 Billionen Euro. Der Anteil[19] für Deutschland beträgt 36 Prozent, was einem Wert von 666 Milliarden Euro entspricht!

Warum machen wir überhaupt Schulden, und warum werden es immer mehr? Unser weltweites Geldsystem ist mittlerweile so komplex, dass selbst viele Banken[20] nicht mehr durchblicken, sich verzocken und in die Insolvenz gehen. Wir stehen vor dem größten Bankensterben aller Zeiten. Lassen Sie uns ein wenig in der Zeit zurückgehen um zu verstehen, wie Schulden, Zinsen und Banken entstanden sind.

Geld ist wahrscheinlich die mächtigste und einflussreichste Erfindung aller Zeiten. Ursprünglich nur gedacht als Tauschmittel und Wertspeicher, hat es mittlerweile ,Gott-Status' erreicht. Keine Stunde vergeht mehr in unserem Leben, an dem wir nicht ans Geld denken. Geld hat sich zur Quelle der Schöpfung erhoben. Wenn es irgendwo ein Problem gibt, dann kann man es mit Geld beheben – zumindest glauben wir das. Wir sind auch der festen Überzeugung, dass Geld Wohlstand erschafft. Vergleichbar mit der Vorstellung, dass eine Uhr die Zeit erzeugt, oder die Sonne untergeht, weil es 18 Uhr abends ist.

Die Erfindung des Geldes war eine äußerst praktische Angelegenheit. Ein Händler musste nicht länger mit einem Schwein unter dem Arm auf dem Markt umherlaufen, um es gegen zwei Teppiche einzutauschen.

Es waren die Goldschmiede, welche ursprünglich die Idee des Geldes in Form von Goldmünzen in Europa aufgriffen, und sich für diesen Service bezahlen ließen. Sie überzeugten den König, die Königin oder die Staatsoberhäupter von einem Bezahlsystem, das mehr Wohlstand für alle bringen sollte.

Die Idee war einfach und genial zugleich. Der Goldschmied lieh die Münzen an die Regierung gegen eine Gebühr aus – hier finden wir den Ursprung der Schulden. Am Ende eines Jahres mussten alle Münzen zurückgegeben werden, um dann wieder erneut für das neue Jahr bereitgestellt zu werden. Für diesen Service verlangte der Goldschmied eine ‚kleine‘ Gebühr, die er Zins nannte. Dieses neue System verbreitete sich rasch, und beschleunigte den Handel mit Produkten und Dienstleistungen immens. Immer schneller verbreitete sich das neue Geldsystem in immer neue Besitztümer, Regionen und Länder.

Der Zins war ein lukratives Geschäft für die Goldschmiede. Je mehr Produkte und Dienstleistungen es gab, desto mehr verdienten die Goldschmiede. Nach einer Weile zeigten sich allerdings auch kleinere Schwächen des Systems.

Einige Händler wurden schnell reich und wussten nicht, wohin mit all den Münzen. Andere Händler verarmten und konnten ihre Schulden nicht mehr begleichen. Es zeigte sich sehr schnell, dass das neue Geldsystem zwar funktionierte, allerdings musste der Staat mit immer mehr Regulationen eingreifen, um denen unter die Arme zu greifen, welche von diesem neuen System nicht profitierten.

Die Händler, die es zu großem Reichtum gebracht hatten, fürchteten sich davor, beraubt und bestohlen zu werden. Für dieses Problem hatten die Goldschmiede eine weitere brillante Idee, was später zur Grundstruktur aller Banken führen sollte. Händler konnten ihre überschüssigen Münzen gegen eine ‚geringe‘ Gebühr beim Goldschmied in einen Tresor einlagern. Dieser beobachtete über einen längeren Zeitraum, dass nur etwa jeder Zehnte Kunde seine eingelagerten Münzen auch wieder abholte.

Was könnten die Goldschmiede mit den nicht benötigten Goldmünzen anstellen? Erraten Sie es?

Sie verliehen das Geld ihrer Kunden gegen eine ‚geringe‘ Gebühr! Falls Sie mitgezählt haben, dann hatten die Goldschmiede nun bereits drei Einkommensquellen:

- Das Verleihen von Münzen an die Regierung für eine Gebühr (Zins)

- Das Einlagern von Münzen im Tresor für eine Gebühr (Kontoge-
  bühr)
- Das Verleihen von Münzen an Privatpersonen für eine Gebühr
  (Kredit)

Wenn die Regierung mehr Geld benötigte, als vom freien Markt in
Form von Gütern und Dienstleistungen erwirtschaftet wurde, dann
musste sie mehr Geld leihen. Die Goldschmiede versicherten sich,
dass sie immer genug geliehene Münzen von der Regierung zurück-
bekamen. Den Rohwert von Gold und Silber für das Prägen der
Münzen mussten auch die Goldschmiede bezahlen. Dadurch war
das System immer durch die Menge an Gold und Silber begrenzt.

Die Evolution der Goldmünze zum wertlosen Papierschein

Lassen Sie uns einen Sprung in das 20. Jahrhundert machen.
Nach dem Zweiten Weltkrieg wurde das Bretton-Woods-System[21] gegründet. Seine Aufgabe bestand darin, den westlichen In-
dustriestaaten eine neue politische Grundlage zu geben, um den
Welthandel nach dem Krieg wieder in Gang zu bringen. Für knapp
drei Jahrzehnte prägte es die internationalen Finanzwirtschaftsbe-
ziehungen mithilfe einer Struktur aus festen Wechselkursen, in welcher der US-Dollar die Leitwährung war.

Gegen Ende der 1960er-Jahre starteten die USA aufgrund des Vietnamkrieges und einer wirtschaftlichen Rezession eine expansive Geldpolitik. Am 15. August 1971 legte US-Präsident Richard Nixon den Grundstein für das heutige Geld- und Wirtschaftssystem. An diesem Tag hob Nixon die Goldbindung des Dollar auf, welche durch das Bretton-Woods-System verankert war. Von diesem Zeitpunkt an war die Weltleitwährung Dollar zur Papierwährung herabgestuft, welche nun beliebig vermehrt werden konnte.

Eine solche Währung, welche keinerlei intrinsischen Wert wie z.B. Gold oder Silber hat, wird im Finanzwesen auch als Fiat-Geld bezeichnet. Das Wort ‚Fiat' stammt aus dem lateinischen und bedeutet: ‚Es sei getan! Es geschehe! Es werde!'. Der Wert einer Fiat-Währung beruht einzig und allein auf dem Vertrauen in die jeweilige Regierung und die jeweilige Zentralbank eines Landes. Die Akzeptanz wird durch gesetzliche Vorschriften, wie z.B. der Erklärung zum gesetzlichen Zahlungsmittel, sichergestellt.

Unzählige Fiat-Währungen sind im Laufe der Geschichte immer wieder geschaffen worden, und keine einzige hat jemals überlebt. Ein Großteil der 160 Währungen[22] weltweit sind mittlerweile Fiat-Währungen, und jede Abwertung einer Währung ist unweigerlich der Vorläufer des wirtschaftlichen Ruins. Das Endresultat einer Fiat-Währung ist immer ein künstlich erschaffenes Ungleichgewicht zwischen Arm und Reich, und eine gigantische Finanzblase von Anlagewerten, Sachwerten und Sammlerwerten.

Durch diese finanzielle Ungleichheit muss der Staat immer häufiger in den freien Markt eingreifen und neue Regulierungen und Gesetze erlassen, um ganze Industriezweige vor dem Aussterben zu bewahren. Unter diesen Eingriffen befinden sich Finanzhilfen, Steuervergünstigungen und Subventionen. Subventionen sind finanzielle staatliche Zuschüsse, die nicht an eine direkte Gegenleistung gebunden sind. Empfänger von Subventionen können Staaten, Unternehmen oder private Haushalte sein. Im Jahr 2019 lagen die Subventionen[23] in Deutschland bei rund 31 Milliarden Euro.

Der US-Dollar hat heute nur noch 17 Prozent der Kaufkraft von 1971. Das hat nicht nur mit der im System eingebauten jährlichen Inflation zu tun, sondern ist auf die exorbitant hohe Menge an Papier-Dollar zurückzuführen. Am Rande sei hier vermerkt, dass mittlerweile Geldscheine nur noch einen verschwindend geringen Bruchteil des gesamten im Umlauf befindlichen Geldes darstellen – der Großteil zirkuliert heutzutage digital auf Millionen von Computern. Die Kaufkraft der noch relativ jungen Euro-Währung, hat sich in den 15 Jahren seit seines Bestehens geviertelt, was einem Wertverlust von 75 Prozent entspricht.

Lassen Sie sich nicht von den offiziellen Inflationszahlen und dem Mietpreis-Index des Statistischen Bundesamts ins Bockshorn jagen. Wenn Sie in der Bäckerei an der Kasse bezahlen, oder sich die Wohnungspreise im lokalen Anzeigenblatt anschauen, dann bekommen Sie ein Gespür für die reale Inflation.

Inflation ist also nichts anderes als die Reduzierung der Kaufkraft. Die Zahl auf dem Geldschein ist immer noch die gleiche, aber Sie können immer weniger damit kaufen.

Können Sie sich an eine Zeit in Ihrem Leben erinnern, in der es keine Inflation gab?

Warum haben wir überhaupt eine Inflation?

Das Wort Inflation stammt aus dem Lateinischen und bedeutet ‚ausdehnen‘ oder ‚aufblähen‘. Inflation entsteht, wenn die zirkulierende Geldmenge vom Staat erhöht wird, obwohl die Menge aller Güter und Dienstleistungen gleich geblieben ist.

Nehmen wir an, ein Dorf hätte ein BSP (Bruttosozialprodukt) von 100 Euro durch das Ernten und Verkaufen von einhundert Äpfeln. Jeder Apfel entspricht somit einem Verkaufspreis von einem Euro. Falls im nächsten Jahr 200 Äpfel geerntet werden, könnte der Staat weitere 100 Euro in den Umlauf bringen, dadurch wäre der Preis der Äpfel – trotz erfolgreicher Ernte – stabil gehalten.

Würden die Banken nicht eingreifen wären die Äpfel pro Stück für 50 Cent zu haben. Was würde passieren, wenn die Ernte schlecht ausfällt, und nur 50 Äpfel auf den Markt kämen?

Falls die Banken nicht eingreifen und 50 Euro aus der Geldzirkulation entfernen, würde jeder Apfel jetzt zwei Euro kosten.

Die grundlegende Idee, die im Markt umlaufende Geldmenge zu regulieren ist also eine Preisstabilisierung. Die Zentralbanken können dadurch willentlich entweder eine Inflation oder eine Deflation der Kaufkraft herbeiführen. Wenn Sie die Preise genau beobachten, dann können Sie feststellen, dass mit wenigen Ausnahmen die Preise nie sinken – und wenn, dann nur für eine bestimmte Zeit. Über einen größeren Zeitraum betrachtet wird alles immer teurer. Die Europäische Zentralbank selbst strebt eine Inflationsrate nahe zwei Prozent an. Warum?

Nehmen Sie für einen Moment an, Sie wären der Staat, und Sie hätten 100 Euro Schulden, aber sehen keine Möglichkeit es zurückzubezahlen. In Ihrer Marktwirtschaft zirkulieren 100 Euro, die Sie aber nicht herausnehmen wollen, da Sie ansonsten eine gewaltige Deflation herbeiführen und noch weniger Geld im Umlauf haben, um in den Markt zu investieren und mehr Wohlstand zu erschaffen. Also entscheiden Sie sich für den entgegengesetzten Weg, indem Sie 100 Euro zusätzlich von der Zentralbank leihen, und in den Markt bringen. Mit dem Ergebnis, dass Sie jetzt eine Inflation erzeugt haben. Die Kaufkraft ist geschwächt, und jeder Apfel kostet jetzt zwei Euro. Sie allerdings – als Staat in diesem Beispiel – haben relative zur umlaufenden Menge (€200) des Geldes fünfzig Prozent weniger Schulden.

Die Erzeugung einer Inflation ist kurzfristig eine bessere Lösung als die Deflation, allerdings führt Sie langfristig meistens zu einer Hyperinflation, bei der die Kaufkraft so weit abgewertet ist, dass die Mehrzahl der Bürger mit einem Monatsverdienst noch nicht mal ein Stück Brot kaufen kann. Das Ereignis einer Hyperinflation ist immer der Beleg dafür, dass Wohlstand nicht mit Geld erschafft werden kann. Zwei US-Forscher von der Johns Hopkins Universität in Baltimore haben in einer Studie[24] errechnet, dass es weltweit bereits 56 Mal eine Hyperinflation gab.

In einer Hyperinflation bricht das Wirtschaftssystem zusammen und Millionen Menschen sind auf der Straße. Es sind weiterhin alle Bedingungen erfüllt, um Wohlstand zu erschaffen. Es gibt nach wie vor genug Rohstoffe, genug Menschen und genug Kreativität. Wo genau liegt dann das Problem? Das Vertrauen in das Geldsystem ist verloren gegangen!

Der Grund unserer Besessenheit nach immer mehr Wachstum

Rufen wir uns nochmals das Beispiel der Goldschmiede in Erinnerung. Wie wir bereits wissen, forderten die Goldschmiede für die Bereitstellung und das Ausleihen ihres Geldes eine Servicegebühr – auch Zins genannt.

Der Betrag, der sich aus dem Zins ergibt, und anhand der Menge des geliehenen Geldes berechnet wird, muss am Jahresende zurückbezahlt werden. Je größer die geliehene Summe, desto höher die Servicegebühr. Bei einer laufenden Staatsverschuldung von 2,2 Billionen Euro liegt dieser Betrag inzwischen in Milliardenhöhe!

Dieser Betrag erhöht sich jedes Jahr durch eine immer höhere Schuldenlast und muss durch zusätzliche Produktion und Dienstleistung erwirtschaftet werden. Zudem erhöhen sich dadurch auch Steuern und Abgaben. Weil die Erhöhung der Einkommenssteuer ein heikles Thema in der Politik ist, erfindet der Staat immer neue Quellen aus denen sich Steuern und Abgaben erzeugen lassen.

Haben Sie schon einmal über den Begriff Mehrwertsteuer nachgedacht? Auf jedes Produkt und auf jede Dienstleistung wird eine Steuer erhoben. Das erhöht den Preis („mehr wert"), den Sie bezahlen müssen. In der Zukunft werden wir vermutlich mit einer zusätzlichen Vermögenssteuer und einer CO_2 Steuer rechnen müssen. Diese ständige Inflation an Kaufkraft endet in einer endlosen Konsumspirale, die immer mehr Ressourcen verbraucht, und immer weniger Lebensraum zurücklässt. Immer mehr und neuere Wege müssen gefunden werden, um zusätzliches Geld zu erwirtschaften.

Der einzige – allerdings nur kurzfristig funktionierende – Ausweg der Staaten aus dieser Misere ist eine andauernde Niedrigzinspolitik und die zusätzliche Abwertung der Währung.

Das Szenario ist vergleichbar mit einem Drogensüchtigen, der immer häufiger und immer höhere Dosen an Rauschmittel benötigt, um im Teufelskreis der Abhängigkeit zu verweilen. Die Niedrigzinspolitik versucht mit allen Mitteln den Kollaps des weltweiten Wirtschaftswachstums zu vermeiden.

Durch einen negativen Zins versuchen die Zentralbanken kleinere Banken zu ermutigen mehr Kredite an Firmen auszugeben. Ein Negativzins ist im Grunde ein geeignetes Instrument, um Wohlstand zu erschaffen. Firmen und Privatpersonen werden motiviert ihr Geld nicht zu bunkern, sondern es umgehend wieder auf den Markt zu bringen, wo es für die Produktion von Waren und Dienstleistungen abermals zur Verfügung steht.

Negative Zinsen haben in unserem jetzigen Geldsystem allerdings eine Schattenseite: die Schuldner sind die größten Profiteure. Fast alle großen Firmen wissen das, und erzeugen Schulden um ihre eigenen Aktienpakete am Markt zurück zukaufen. Der Aktienkurs steigt und der Profit ist um einiges größer als der geringe Betrag an Zinsen für die aufgenommenen Schulden. So entstehen Aktien- und Immobilienblasen, deren Preise astronomische Werte annehmen.

Viele dieser Firmen erzeugen weder Produkte noch relevante Dienstleistungen und damit auch keinen Beitrag zum Wohlstand.

Die Auswirkungen von immer mehr Regulationen

Ein weiterer Nachteil der Null-Zins-Politik ist, dass dadurch auch Firmen und Institutionen am Leben erhalten werden, die eigentlich bankrott sind. Es ist davon auszugehen, dass bereits jetzt über zwanzig Prozent aller Firmen in der EU sogenannte Zombie-Firmen sind. Eine Zombie-Firma ist eine hoch verschuldete Firma, die infolge ihres unprofitablen Geschäftsbetriebs nicht länger in der Lage ist, die Zinsen für die aufgenommenen Kredite zurückzubezahlen. Um die Firma am Leben zu erhalten, werden häufig neue Kredite aufgenommen, mit denen Zinsen und eventuell auch Tilgungen von bestehenden Krediten gezahlt werden.

Dies wird auch als Insolvenz-Verschleppung bezeichnet – das Problem wird einfach in die Zukunft verschoben. Auch die deutsche Autoindustrie hat von dieser Niedrig-Zins-Politik lange profitiert und sich die letzten zehn Jahre darauf ausgeruht, anstatt sich dem Thema Elektroauto anzunehmen. Die jetzige Krise war absehbar und wäre schon viel früher eingetreten, wenn nicht das ‚billige‘ Geld gewesen wäre.

Generell werden mit der Abwertung der Währung (Inflation) Produkte und Dienstleistungen für den Export günstiger. Kurzzeitig verschafft sich ein Land dadurch einen Wettbewerbsvorteil gegenüber anderen Ländern.

Da sich aber nach kurzer Zeit die anderen Länder ebenfalls gezwungen sehen ihre Währung abzuwerten, verpufft dieser Vorteil relativ schnell. Mit der Folge, dass der Großteil der Bevölkerung langsam aber sicher verarmt. Fast alle Demonstrationen, Aufstände und Revolutionen haben hier ihre Wurzeln.

Eine freie Wirtschaft, die nicht der Kontrolle des Profits und damit der Steuerung von Banken und Staaten untersteht, reguliert sich von selbst. Angebot und Nachfrage pendeln sich automatisch ein. Produkte und Dienstleistungen unterstehen einem natürlichen Zyklus des Entstehens und des Vergehens.

Ohne das Eingreifen von Banken und Regierungen hat eine freie, gesunde Wirtschaft eine anhaltende Deflation und damit eine stetig steigende Kaufkraft!

Es ist der natürliche Fluss des Lebens, welches sich selbst organisiert und reguliert. Der Mensch greift ständig ein, anstatt mit diesen natürlichen Zyklen[25] zu kooperieren, weil er dieses Prinzip der Natur nicht versteht. Der Mensch versucht in seiner Arroganz über der Natur zu stehen, anstatt zu begreifen, dass er Teil davon ist.

Naturbelassene Gewässer reinigen sich selbst

Ein einfaches Beispiel aus unserer Geschichte verdeutlicht das. In der ersten Hälfte des 20. Jahrhunderts wurden Flussläufe begradigt, um mehr Flächen für die Landwirtschaft oder für den Siedlungsbau zu gewinnen. Das Resultat dieses Eingriffs führte zu verschmutzten Gewässern in denen kaum noch Fische überleben konnten.

Viktor Schauberger[26], ein österreichischer Förster, entdeckte, dass an begradigten Flüssen häufig Überschwemmungen auftreten. Ein Effekt, den man mit der Begradigung gerade vermeiden wollte. Er stellte fest, dass in einem begradigten Fluss kaum noch Verwirbelungen entstehen, da das Wasser zu schnell fließt. Die natürliche Wasserverwirbelung reguliert die Geschwindigkeit genau so, dass das Wasser nicht über die Ufer tritt.

Verwirbelungen bremsen zu starke Kräfte, die z.B. Pflanzen am Grund wegspülen. Sie beschleunigen aber auch so stark, dass sich z.B. kein Schlamm ablagern kann – das Wasser bleibt damit sauber. Er hat außerdem festgestellt, dass Bäume und Pflanzen am Ufer Wasser verdunsten. Das zieht Grundwasser nach oben. Wird der angrenzende Wald aufgrund der Begradigung geschlagen, sinkt das Grundwasser ab.

Als ich in den 90er-Jahren Indien bereiste, und ich den Koreagon Park in Poona besuchte, hatte man dort gerade ein neues Stück Land zugekauft, durch das sich ein dreckiger und stinkender Bach schlängelte. Unter der Anleitung eines Teams von Natur-Experten wurde dem Bach sein natürliches Flussbett zurückgegeben. Zusätzlich wurden in das Flussbett Steine in unterschiedlichen Größen und Materialien eingebettet.

Der Aufwand lohnte sich, denn am anderen Ende des Grundstücks hatte der Bach fast Trinkwasser-Qualität!

Die wundersame Vermehrung des Geldes

Um auf die Wirtschaftskreisläufe zurückzukommen, sei hier abschließend erwähnt, dass neben den Zentralbanken auch die normalen Banken Geld aus dem Nichts erschaffen, indem sie Kleinkredite an Firmen und Personen vergeben. Erinnern Sie sich an das Beispiel der Goldschmiede, die ein Zehntel des Geldes ihrer Kunden an andere verliehen? Die Kreditvergabe ist heute noch effizienter, und es wird dabei sogar noch neues Geld erschaffen!

Um einen Kredit[27] an einen Kunden zu vergeben, braucht die Bank noch nicht einmal die Spareinlage eines anderen Kunden aus ihrem Tresor zu holen. Sie muss im Gegenzug nur eine sogenannte Mindestreserve bei der Zentralbank deponieren. Diese Mindestreserve entsprach zu Zeiten der Goldschmiede zehn Prozent. Da immer mehr Geld in Umlauf gebracht wurde, betrug sie lange Zeit zwei Prozent und ist nun sogar auf ein Prozent gesenkt worden.

Eine Bank, die 10.000 Euro Kredit vergibt, braucht also nur 100 Euro Mindestreserve als Eigenkapital. Mit diesem Trick erzeugt sie aus 100 Euro letztendlich 10.000 Euro. Die Geldvermehrung geht aber noch weiter.

Wenn das geborgte Geld als Einlage bei einer anderen Bank landet, kann diese damit auch wieder einen Kredit vergeben. Das Bankensystem erzeugt also durch die Kreditvergabe ein Vielfaches von dem Geld, was ursprünglich real vorhanden war.

Um Ihnen zu verdeutlichen, was das in der Praxis bedeutet, lassen sie uns das Beispiel einer Eigenheim-Finanzierung betrachten. Nehmen wir an, Familie Mayer hat lange gespart und möchte gerne ihren Traum vom eigenen Heim erfüllen. Mit einem Eigenkapitalanteil von 60.000 Euro erhält die Familie einen Kredit von 300.000 Euro. Die Bank erhält also 60.000 Euro und kann damit theoretisch sechs Millionen Euro in neuen Krediten erzeugen. Nicht nur, dass die Bank mit dieser Geldeinlage neues Geld erschafft, der gesamte Kreditbetrag von 300.000 Euro, den Familie Mayer zurückzahlt, wird bei der Bank als Guthaben verbucht. Es klingt wie Zauberei, ist aber die Basis[28] für die multiple Geldschöpfung, und ein zentraler Bestandteil unseres Geldsystems.

Jetzt verstehen Sie vielleicht auch, warum Regierungen und Banken alles in ihrer Macht Stehende tun, um einen ‚Bank Run‘ zu vermeiden. Denn nur etwa ein Prozent aller Vermögenswerte sind bei der Bank wirklich vorhanden. Falls also theoretisch alle Bürger gleichzeitig ihr Geld vom Konto abheben wollten, gingen 99 Prozent leer aus!

Die Blockchain – wird es unser neues Geldsystem?

Wir erleben im Moment das größte Geld-Experiment aller Zeiten. Noch nie zuvor in der Geschichte der Menschheit gab es ein globales Finanzsystem, das so komplex und abgekoppelt von der ‚realen‘ Wirtschaft war. Was unser heutiges Geldsystem noch am Laufen hält, ist einzig und alleine das Vertrauen das wir ihm entgegenbringen. Dieses Vertrauen bezeugen wir mit jeder Transaktion erneut.

Solange die Mehrheit der Menschen allerdings glaubt, dass Geld Wohlstand erzeugt, solange werden wir keine signifikante Änderung unseres Geldsystems sehen.

Die Blockchain-Technologie[29], welche als Basis für die elektronische Bitcoin-Währung dient, hat das Potenzial für ein neues, besseres weltweites Finanzsystem. Die meisten Industrienationen, Banken, aber auch viele unabhängige Institutionen arbeiten bereits seit Jahren daran. Diese neue Technologie ermöglicht ein sicheres Bezahlsystem, welches Transaktionen direkt zwischen zwei Personen ermöglicht, ohne den Umweg über eine Bank oder anderes Institut.

Jede Transaktion wird sicher dokumentiert und ist für alle Beteiligten transparent. Abgelegte finanzielle Daten sind in diesem System akkurat, transparent und konsistent. Eine Änderung ist nur möglich, wenn alle Parteien zustimmen.

Ist eine Änderung vollzogen, wird die Transaktion verschlüsselt und mit der vorherigen Transaktion verknüpft. Die Informationen befinden sich nicht auf einem einzigen Rechner, sondern in einem Netzwerk von Rechnern, was Manipulationen fast unmöglich macht.

Deswegen eignet sich das Blockchain-Verfahren theoretisch für alle Bereiche, bei denen Informationen ausgetauscht werden. Also nicht nur für finanzielle Transaktionen, sondern z.B. auch für die komplette Abwicklung der Warenwirtschaft, Behörden, Versicherungen, Immobilien, Medien & Werbung, Gesundheitswesen und auch Wahlen.

Ein Land, welches tatsächlich Wohlstand für alle erschaffen möchte, braucht eine andere Sichtweise und damit auch ein anderes Bewusstsein. Dieses Bewusstsein bringt der Mensch bereits bei seiner Geburt mit. Allerdings wird es durch die Konditionierung unseres Erziehungssystems, des Schulsystems, des Ausbildungs- und Berufssystems in der Regel überschrieben. Damit es nicht so weit kommt, wäre es am sinnvollsten, in diesen Bereichen zuerst einen Umdenkprozess zu etablieren. Ist der Mensch erst einmal konditioniert, und damit in seinem Denkprozess festgefahren, ist es schwierig das ursprüngliche Bewusstsein wieder zum Vorschein zu bringen.

Umdenken in der Ausbildung und im Beruf

Eine Arbeitsstelle zu suchen beinhaltet in der Regel die Idee, dass wir aus einer bereits vorhandenen Anzahl von Möglichkeiten eine Auswahl treffen, die uns vorrangig ein sicheres Einkommen gewährleistet. Erst danach folgt häufig die Beurteilung über die Art der Arbeit. Kann ich das, was von mir verlangt wird? Erfüllt mich die Arbeit?

Diese weitverbreitete Art der Arbeitssuche beinhaltet die Überzeugung, dass es nur eine begrenzte Anzahl von Möglichkeiten gibt Geld zu verdienen. Es ist der geringste geistige Aufwand, seine Zeit gegen Geld einzutauschen, womit unmittelbar das Thema Fairness ins Spiel kommt:

- Wie kann ich den Job bekommen und nicht meine Mitbewerber?
- Bekomme ich genug bezahlt, für was ich tue?
- Wer in der Firma macht das gleiche und bekommt mehr Geld als ich?
- Was kann ich tun, um mehr Geld zu bekommen?

Das Thema Fairness verbraucht wertvolle Zeit und Energie. Letztendlich verhindert es Teambildung und kooperative Zusammenarbeit. Es ist ineffizient, da jeder eine persönliche Meinung darüber hat, was fair ist und was nicht. Arbeit ist häufig zu einer kurzfristigen Aufgabe degradiert.

Früher war sie eine Lebensaufgabe, jetzt ist sie in kurzfristige ökonomisch messbare Einheiten zerlegt. In vielen Fällen – ganz besonders in der Arbeiterklasse – ist sie zu einer seelenlosen, bedeutungslosen Tätigkeit geworden. Denken Sie nur an die Kassiererin im Supermarkt!

Das Angestelltenverhältnis lässt in den meisten Fällen nicht viel Raum für persönliche Weiterentwicklung, da alle Mitarbeiter die gleiche Denkstruktur haben. Ein Angestellter hat in den seltensten Fällen Einfluss auf Firmenpolitik und Firmenphilosophie.

Die grundlegende Motivation einer Anstellung ist häufig die Absicherung des eigenen Lebens, und dadurch wird die eigene Sichtweise und der Einfluss begrenzt. Oft werden Kompromisse eingegangen, weil der perfekte Arbeitsplatz nicht existiert. Diese Kompromisse führen auf lange Sicht zu Unzufriedenheit, Frust oder Burn-out, wobei die Schuld meist bei anderen gesucht wird. Im Übrigen wird vielen Menschen mit zunehmendem Alter bewusst, dass die Zeit zu einem immer kostbareren Gut wird.

Von der finanziellen Seite betrachtet, hat das Angestelltenverhältnis die meisten Nachteile und beinhaltet die geringste persönliche Freiheit. Alle Sozialabgaben und Steuern werden sofort abgezogen und Sie erhalten nur noch einen Teilbetrag. Die Steuerlast ist hoch und kann in der Regel kaum verringert werden. Das Einkommen steigt nicht im gleichen Maß wie die Inflation und führt deshalb über einen längeren Zeitraum zum sozialen Abstieg.

Wie sicher sind solche Arbeitsplätze noch? Die Rationalisierung der Arbeit begann in der Landwirtschaft. Die Menschen sind in die Städte gezogen und arbeiteten daraufhin in Fabriken. Auch diese wurden rationalisiert, und es blieb nur noch der Servicebereich übrig. Aber auch der Servicebereich wird seit einigen Jahren massiv rationalisiert, weil der Lohn für Arbeitskräfte in einer Firma oft die höchsten Ausgaben sind. Service bekommen Sie nur noch, wenn Sie viel Geld ausgeben. Gibt es eine Alternative zu diesem Denkmodell der Arbeit?

Was ist Ihre Berufung?

Eine Berufung entsteht, wenn Sie Ihre Gaben und Talente entdecken, mit denen Sie auf diese Welt gekommen sind, und diese zum Nutzen der Allgemeinheit zur Verfügung stellen. Eine intrinsische Motivation etwas zu tun, wofür Sie ein natürliches Interesse haben, und möglicherweise sogar eine Leidenschaft verspüren. Es sind Dinge, die Sie auch dann noch machen würden, wenn Sie kein Geld dafür bekommen würden. Oft drücken sich solche Talente in Hobbys aus.

Die höchste Form Ihr Potenzial zu leben ist es Ihre Kreativität in den Dienst für andere zu stellen. Im Wesentlichen ist dies Ihre natürliche Bestimmung.

Wenn Sie Ihrer Berufung folgen, dann erwartet Sie ein erfülltes Leben, was erst einmal bedeuten kann keine finanzielle Sicherheit zu haben. Damit Sie Ihre Talente effektiv zum Wohle aller einsetzen können, müssen Sie kultiviert werden. Sie müssen durch Lern- und Erfahrungsprozesse zur Reife gebracht werden, damit Sie einmal einen Nutzen für die Gesellschaft haben. Dieser Weg ist kurzfristig betrachtet mühseliger und nicht lukrativ. Langfristig gesehen ist es aber der bessere Weg für ein verantwortungsbewusstes und erfülltes Leben, das Wohlstand erschafft.

Von den kurzfristigen zu den langfristigen Zielen

Da wir scheinbar nie genug Geld haben, konzentrieren wir uns im Berufsleben hauptsächlich auf Geldvermehrung. Das bedeutet die Herstellung von mehr Produkten, Dienstleistungen und die Einsparung von kostspieligem Personal. Deswegen wird so viel wie möglich rationalisiert und automatisiert. Der Fokus liegt auf Quantität und immer weniger auf Qualität, was zwar kurzfristig Erfolg bringt, aber langfristig den Wohlstand für alle verringert.

Wir reagieren mehr auf die Umstände, als dass wir neue Lösungswege finden. Die Struktur unserer Gesellschaft funktionierte die letzten Jahrzehnte nach einer strikten Hierarchie.

Gesetze, Regeln und alle wesentlichen Veränderungen kamen immer von Regierungen, Banken und indirekt von Großkonzernen. Wir haben dies lange Zeit nicht bemerkt, weil wir bis zu den Knien in Konsum und Unterhaltung standen.

Schon lange vor der Corona-Pandemie hatte unsere Industrie und Gesellschaft eine natürliche Grenze des stetigen Wachstums erreicht. Durch die Folgen der Pandemie erleben wir jetzt eine massive Einschränkung unseres bisherigen Lebensstils. Unmut und Frust machen sich breit, aber im Kern der Krise beginnt wieder ein Aufwachprozess, der uns bewusst werden lässt, was uns wirklich wichtig ist. Innovation, Macht und Veränderung gehen wieder mehr vom Einzelnen aus. Soziale Kontakte bekommen wieder mehr Aufmerksamkeit, Ehrlichkeit und Tiefe.

Was passiert, wenn wir uns weigern, die Grenzen unseres derzeitigen Systems zu akzeptieren? Was passiert, wenn wir anfangen, unmenschliche, unmoralische und umweltschädigende Arbeit in Firmen abzulehnen? Was würde passieren, wenn es plötzlich weitere hundert Greta Thunbergs gibt, die ihr Leben dafür einsetzen, die großen Probleme unserer Zeit nicht länger zu ignorieren?

Elon Musk wurde lange Zeit mit seiner Firma Tesla Motors belächelt und nicht ernst genommen. Er wurde als Spinner und Utopist abgetan. Jetzt ist seine Firma die innovativste, erfolgreichste und wertvollste Firma in der Geschichte des Automobils.

Eine derartige Erfolgsstory hatte vielleicht nur Ford mit dem Model T, dass jedes Jahr durch verbesserte Produktionsbedingungen immer günstiger statt teurer wurde.

Wenn wir unser Augenmerk und unser Interesse auf die Qualität von Produkten und Dienstleistungen legen, dann werden wir Dinge tun, die vorher unmöglich schienen. Wir werden über eine außerordentliche Motivation verfügen, und wieder einen Sinn im Leben sehen. Wir sind nicht dazu bestimmt, isoliert und nur auf uns selbst bezogen zu leben. Es ist eine beängstigende Nebenwirkung unserer Gesellschaft und der Strukturen, die wir in den letzten 100 Jahren aufgebaut haben. Strukturen, die für den Wohlstand aller schon lange nicht mehr funktionieren.

Wir haben vergessen, dass es im Leben nicht darum geht, eine Arbeitsstelle zu haben, sondern einen Beitrag zum Gesamtwohl der Gesellschaft zu leisten. Wir haben vergessen zu hinterfragen, ob das, was wir tun, wirklich einen Beitrag zum Wohle der Menschheit leistet.

Wenn wir aus Angst handeln, reagieren wir auf die begrenzten Umstände in unseren Leben und erschaffen dadurch immer neue Begrenzungen. Wie hätte sich die Geschichte der Schwarzen in Amerika entwickelt, wenn Rosa Parks[30] sich nicht geweigert hätte, ihren Sitzplatz für eine weiße Person aufzugeben?

Der Wandel beginnt mit der Zivilcourage jedes Einzelnen.

„Die Ängstlichen planen für das Wochenende, die Mittelklasse für den Ruhestand und die Wohlhaben-den für Generationen." – Autor unbekannt

Wenn wir langfristig statt kurzfristig denken, werden wir für Generationen planen. Wir werden uns bewusst werden, wie wir diese Welt an unsere Kinder und die nächste Generation weitergeben wollen. Wenn es eine Begrenzung gibt, dann ist sie nur in unserem Denken.

Ein neuer Weg mit Ressourcen umzugehen

Einen völlig neuen Ansatz der Wirtschaftsideologie geht Jacque Fresco[31], ein amerikanischer Futurist und Sozialingenieur, der in Florida lebte und 2017 verstorben ist. Durch seine Beobachtungen und Erfahrungen während der ‚Great Depression' in den 30er-Jahren hat er mit seiner Lebenspartnerin Roxanne Meadows das Venus-Projekt ins Leben gerufen.

Das Venus Projekt demonstriert seine Ansichten[32] und den Wunsch neue Lösungen des Zusammenlebens zu finden, die größtmöglichen Wohlstand für alle bringen, und dabei mit Ressourcen intelligent und wertschätzend umgehen.

Sein Ansatz basiert auf einer Wirtschaft, bei der die Ressourcen im Mittelpunkt stehen. Es ist ein ganzheitliches sozioökonomisches System, in dem alle Güter und Dienstleistungen ohne den Gebrauch von Geld, Krediten, Tauschhandel oder irgendeinem anderen System von Schulden oder Unfreiheit verfügbar sind. Alle Ressourcen werden zum gemeinsamen Erbe aller Bewohner, nicht nur einiger weniger. Unsere Erde ist reichlich mit Ressourcen ausgestattet. Die Praxis der Rationierung von Ressourcen durch monetäre Methoden ist irrelevant und kontraproduktiv für unser Überleben.

Unsere moderne Gesellschaft hat mittlerweile Zugang zu hoch entwickelter Technologie. Wir können Nahrung, Kleidung, Wohnraum und medizinische Versorgung für alle zur Verfügung stellen, unser Bildungssystem auf den neuesten Stand bringen und einen unbegrenzten Vorrat an erneuerbarer, nicht umweltbelastenden Energien entwickeln. Durch die Bereitstellung einer effizient gestalteten Wirtschaft kann jede Person einen sehr hohen Lebensstandard mit allen Annehmlichkeiten einer hochtechnologischen Gesellschaft genießen. Technologie arbeitet in dieser Struktur für die Menschen und nicht für das Geldsystem.

In einer auf Ressourcen basierenden Wirtschaft werden alle Rohstoffe der Welt als gemeinsames Erbe aller Menschen angesehen, wodurch die Notwendigkeit künstlicher Grenzen, welche die Menschen voneinander trennen, schließlich überflüssig wird.

Diese Grenzen basieren meistens auf Ideologien, und fungieren zur Aufrechterhaltung der Trennung von armen und reichen Menschen.

> *„Was wird die Menschen antreiben, wenn sie weder Geld noch Belohnung haben? Die Belohnung ist das Ende des Krieges, das Ende der Armut, der meisten Verbrechen und das Ende des Bittens um medizinische Versorgung. Jeder wird versorgt und gebildet sein. Es wird keine Besteuerung geben und keine Gruppe bevorzugt werden. Es wird auch keine elitären oder monopolistischen Organisationen mehr geben. Wenn das nicht Anreiz genug ist, dann weiß ich nicht, was es ist."* – Jacque Fresco, amerikanischer Futurist und Sozialingenieur

Eine globale Regierungsführung in diesem System hat nichts mehr mit den gegenwärtigen Bestrebungen einer Elite gemein, eine Weltregierung zu bilden, in der sie selbst und große Konzerne das Ruder in der Hand haben und die große Mehrheit der Weltbevölkerung ihnen untergeordnet ist. Eine wirkliche Globalisierung würde jede einzelne Person ermächtigen ihr volles Potenzial zu entfalten und das zu sein, was sie sein kann, und nicht länger nur profitdenkenden Konzernen unterworfen sein. Jede Person wird durch die bestmögliche Information versorgt, die es ermöglichen würde, in jedem Bereich ihrer Kompetenz mitzuwirken.

Das Maß des Erfolges würde auf der Erfüllung des eigenen Strebens basieren und nicht auf dem Erwerb von Reichtum, Eigentum und Macht.

Gegenwärtig verfügen wir über genügend materielle Ressourcen, um allen Bewohnern der Erde einen sehr hohen Lebensstandard zu bieten. Erst wenn die Bevölkerung die Tragfähigkeit eines Landes überschreitet, entstehen viele Probleme wie Gier, Kriminalität und Gewalt. Durch die Überwindung der Knappheit wären die meisten Verbrechen und sogar die Gefängnisse der heutigen Gesellschaft nicht mehr notwendig.

Eine auf Ressourcen basierende Wirtschaft würde die Überwindung der Rohstoffknappheit durch den Einsatz erneuerbarer Energiequellen, die Computerisierung und Automatisierung von Fertigung und Lagerhaltung ermöglichen. Außerdem würde sie sichere, energieeffiziente Städte und fortschrittliche Transportsysteme entwerfen, eine universelle Gesundheitsversorgung bereitstellen, und mehr relevante Bildung. Vor allem aber bietet sie einen neuen Anreiz, welcher auf der Fürsorge von Mensch und Umwelt basiert.

Mit diesem Ansatz sind wir auf dem Weg zu einer Typ-1-Zivilisation[33], welche die Ressourcen eines ganzen Planeten kontrolliert, ohne ihn zu zerstören.

Ein neues Glaubenssystem erschafft eine neue Realität

Wir befinden uns in einem der bedeutendsten evolutionären Wandlungsprozesse in der Geschichte der Menschheit. In den nächsten 20 Jahren werden wir neue Grundsteine legen und eine radikale Veränderung auf diesem Planeten erleben. Unzählige, nicht länger förderliche Strukturen werden verschwinden, versagen oder einfach überflüssig werden.

Die Geschichte zeigt uns, dass wir immer wieder durch neue Zyklen und Phasen der Veränderung gehen. Wir erleben neue Epochen, die von einem neuen Zeitgeist durchzogen sind. Wir erleben das Kommen und Gehen von Kulturen, welche entweder eine mehr spirituelle oder mehr materielle Ausrichtung haben. Unabhängig davon erleben wir eine Expansion des menschlichen Bewusstseins, das sich immer weiteren Dimensionen des Lebens gewahr wird. Wir erleben im Moment einen Bewusstseinswandel, den ich in Bezug auf die Evolution und das kollektive Geschehen als ‚Stufe drei‘ der menschlichen Bewusstwerdung bezeichne.

In der ersten Stufe befanden wir uns in einem kollektiven Bewusstsein. Unser Denken und Handeln wurde größtenteils von den Göttern beeinflusst. Wir lebten in kleineren Gruppen, und der Einfluss der Umwelt bestimmte weitgehend unser Leben.

In der zweiten Stufe sahen wir den Prozess der Individualisierung. Es war eine Phase der Entwicklung, in der wir zunächst unsere Unabhängigkeit von der Natur erklärt haben, und in der Endphase die komplette Kontrolle über die Natur übernommen haben. Wir wollten nicht länger von den chaotischen Einflüssen der Umwelt abhängig sein, und begannen, sie nach unseren Bedürfnissen, Wünschen und Vorstellungen zu gestalten. Die Natur sollte sich unseren Ideen der Regulierung, Ordnung und der Kontrolle unterordnen.

Wir haben jetzt den Punkt erreicht, an dem wir erkennen, dass dies nicht länger funktioniert, ohne uns selbst die Lebensgrundlage zu entziehen. Die Natur lebt aus sich selbst heraus und jegliche Kontrolle führt unweigerlich ins Verderben. Mit Schrecken erkennen wir, dass es unmöglich ist, uns von der Natur und den kollektiven Kräften, die durch sie fließen, abzukoppeln. Die Natur ist nicht nur eine Ressource, aus der wir endlos abschöpfen können, sondern ein lebendiger, intelligenter Organismus, der Teil von uns selbst ist.

In der nächsten Evolutionsstufe des Bewusstseins stehen Effizienz, Optimierung und globale Konnektivität im Vordergrund. Wir werden unsere Individualität nicht länger dazu benutzen, um uns von anderen abzugrenzen, sondern unsere individuellen Fähigkeiten in den Nutzen des globalen Netzwerks – unserer Erde – stellen. Dies stellt die dritte Stufe der Evolution des Bewusstseins dar.

Als ich im Jahr 2010 noch in Kalifornien lebte, habe ich bei einem Seminar Bruce Lipton[34] kennengelernt. Er ist amerikanischer Entwicklungsbiologe und Stammzellforscher, und hat sich unter anderem auch tiefgehend mit dem Thema Evolution befasst. Er stellte fest, dass sich der Charakter einer Kultur weitgehend mit der Antwort von drei Fragen bestimmen lässt:

- Warum sind wir hier?
- Wie sind wir hierhergekommen?
- Wie machen wir das Beste aus unserem Dasein?

Die Geschichte zeigt, das verschiedene Zivilisationen unterschiedliche Antworten auf diese Fragen haben. Diese Antworten repräsentieren das zentrale Glaubenssystem, das Paradigma einer Zivilisation, und damit ihre grundlegenden Ideen. Wer die Antworten liefert, wird auch der Lieferant aller anderen Wahrheiten für diese Zivilisation.

Die Entstehung des wissenschaftlichen Materialismus

Vor etwa 200 Jahren wurde Charles Darwin geboren und seine Evolutionstheorie legte die Basis für ein neues Paradigma und damit eine neue Zivilisation. Es entstand der wissenschaftliche

Materialismus, welcher die drei Fragen in folgender Weise beantwortete:

- Wie sind wir hierhergekommen? Durch zufällige Mutationen.
- Warum sind wir hier? Wir sind zufällige Touristen auf diesem Planeten.
- Wie machen wir das Beste daraus? Wir leben in einem Kampf ums Dasein, das auf dem Überleben des Stärkeren basiert.

Die letzte Antwort beinhaltet den Schlüssel für das Verständnis unserer jetzigen Zivilisation. Denn sie besagt, dass wir wie verrückt arbeiten müssen, denn wenn wir das nicht tun, wird uns jemand anderes besiegen und damit unser Überleben gefährden. Es ist eine Zivilisation, die auf Wettbewerb basiert, nicht auf Moral.

Die Newtonsche Physik hat den unsichtbaren Bereich, von dem unter anderem die Religionen sprechen, schlichtweg vergessen. Die klassische Mechanik braucht den spirituellen Bereich nicht, um den materiellen Bereich zu verstehen. Deswegen liegt die meiste Aufmerksamkeit in unserer Kultur auf materiellen Gütern. Infolgedessen häufen wir so viel Dinge wie möglich an, um alle anderen im Rennen ums Überleben zu schlagen. Wer die meisten Spielsachen besitzt, gewinnt das Spiel. Die Folgen dieses zentralen Glaubenssystems sehen wir mittlerweile alle.

Erinnern Sie sich noch an das Humangenomprojekt?[35] Ziel war es sämtliche Gene des Menschen zu analysieren und Ihre Funktion zu bestimmen. Es war die Suche nach der Lebensursache im innersten unserer Zellen. Das Projekt scheiterte inoffiziell, weil man für einen Großteil der Gene keine Funktion finden konnte.

Die neue Wissenschaft der Epigenetik besagt mittlerweile, dass nicht die Gene unser Leben steuern, sondern unsere Wahrnehmungen, Emotionen, Überzeugungen und Einstellungen, welche unseren genetischen Code variieren. Wir verlassen damit eine Realität, die uns Jahrzehnte zu Leidtragenden der Umstände gemacht hat.

Der Wandel, den wir seit einiger Zeit erleben, dient auch dazu, um die drei Fragen unserer Zivilisation neu zu beantworten.

Ein neues Denken erzeugt eine neue Realität

Wir bewegen uns in eine neue Realität, die unseren Geist, unser Bewusstsein – den immateriellen Bereich – in das Zentrum unserer Weltanschauung stellt. Die relativ neue Wissenschaft der Quantenphysik besagt, dass alles aus Energie besteht. Sie ist sowohl Ursprung der Materie als auch der formgebende Einfluss. Der letzte Mythos, an dem wir nach wie vor festhalten, ist die Idee des zufälligen Evolutionsprozesses.

Freies Denken entsteht nicht dadurch, dass wir unsere Aufmerksamkeit auf den Mangel lenken, sondern uns mit der Quelle unserer Inspiration verbinden. Aus dieser unendlichen Quelle des Lebens ist alles Erdenkliche möglich. Der Prozess der Schöpfung entsteht immer aus der Quelle und erschafft durch die Idee eine physikalische Form. Es ist die Idee, die uns verbindet, und die Form dazu benutzt.

Ähnlich einem Glas Wasser – das Wasser nährt uns, aber wir brauchen das Glas um es zu trinken. Wenn wir vergessen, dass es um den Inhalt geht und nicht um die Form, dann fangen wir an immer mehr Überzeugungen, Ansichten und Meinungen über das Glas zu bilden. Der Fokus unseres Bewusstseins geht in der Form verloren, und wir vergessen, was wirklich wichtig ist. Das Wasser löscht unseren Durst – nicht das Glas.

Es ist unser formloser Geist, in dem wir eins sind und zueinanderfinden, nicht unser dualistischer Verstand. Der Verstand dient einzig und alleine dazu Formen zu erschaffen, die entweder aus dem Bewusstsein der Angst oder der Liebe entspringen. Wenn wir aus der Angst Dinge erschaffen, so dienen sie der Abgrenzung zwischen uns. Wenn wir aus der Liebe Dinge erschaffen, dienen sie der Verbindung zwischen uns.

Nachwort

Wer befinden uns inmitten der Entstehung einer neuen Kultur, einer neuen Zeitepoche. Wie würden Sie die drei Fragen beantworten, die diese neue Kultur beschreibt?

- Warum sind wir hier?
- Wie sind wir hierhergekommen?
- Wie machen wir das Beste aus unserem Dasein?

Einsteins Wichtigste Erkenntnis

Warum die Antwort auf eine einzige Frage

Ihr Leben entscheiden kann

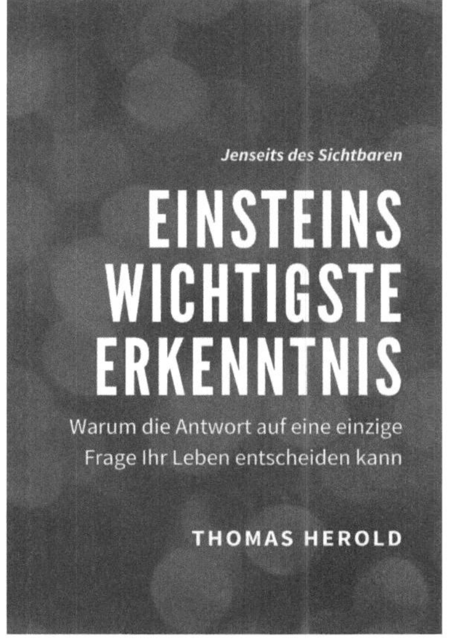

Wussten Sie, dass Einsteins wichtigste Entdeckung nicht die Relativitätstheorie war? Erfahren Sie sein erstaunliches Geheimnis und damit den Schlüssel für Freiheit und Erfüllung in Ihrem Leben.

Diese Antwort – ob bewusst oder unbewusst getroffen – beeinflusst alle Aspekte Ihres Lebens! Sie prägt das allgemeine Lebensgefühl und Ihre Grundhaltung zum Leben selbst.

Würde ich Ihnen jetzt unmittelbar diese elementare Frage auf dem silbernen Tablett präsentieren, dann wäre das etwa so, als ob ich Ihnen nur die letzte Seite eines überaus spannenden Romans zu lesen gäbe. Stellen Sie sich vor, Sie sehen nur die letzten fünf Minuten eines spannenden Krimis. Sie werden keinerlei Bezug zum Film haben. Der tiefere Sinn, die Zusammenhänge, und der emotionale ‚Spaßfaktor‘ bleiben auf der Strecke.

In diesem Buch werden Sie Einsteins wichtigste Entdeckung erfahren. Eine Entdeckung die für Jahrzehnte verborgen blieb und es vor kurzer Zeit veröffentlicht wurde.

Einsteins wichtigste Erkenntnis ist die Grundlage, aus der sich Ihr Lebensziel ergibt:

- Ein Ziel, das niemals mit einem anderen Ziel in Konflikt steht
- Ein Ziel, das Sie Ihr Leben lang begleitet
- Ein Ziel, das Sie motiviert ohne sich motivieren zu müssen
- Ein Ziel, das Ihnen Sicherheit und Vertrauen schenkt
- Ein Ziel, das Sie niemals vergessen werden
- Ein Ziel, das Sie mit anderen Menschen auf tiefster Ebene verbindet
- Ein Ziel, das eine dauerhafte Quelle für Inspiration und Freude ist

Wie finde ich mein Ziel im Leben am besten heraus?

Erfolgreiche Ziele, und solche die auch die meiste innere Zufriedenheit mit sich bringen, sind Ziele die über Ihre Person hinausgehen. Je mehr das Ziel andere mit einschließt, und je mehr das Ziel anderen dient, desto erfüllter werden Sie sein.

Anstatt Sie also mit endlosen Zielvariationen und Zielsystemen zu konfrontieren, möchte ich Sie auf eine Reise mitnehmen, an deren Ende Sie genau wissen, was das wichtigste Ziel (Entscheidung) in Ihrem Leben ist.

Erhältlich bei Amazon als E-Buch, Taschenbuch und Hörbuch.

Moderne Geldschöpfung
Geld aus dem Nichts und der Zinstrick der Zentralbanken

Fragen Sie sich gelegentlich auch warum alles ständig teurer wird? Warum Wohnraum in den letzten Jahren unbezahlbar geworden ist, und weshalb Ihr Geld auf der Bank täglich weniger wird?

Schafft Geld Wohlstand?

Seit der Corona-Krise laufen die Druckpressen aller Zentralbanken heiß. Es wird weltweit mehr Geld gedruckt als je zuvor, und das weltweite Finanzsystem steht vor der größten Herausforderung seiner Geschichte. Der Finanzcrash 2008 war bereits ein Indikator für die kommende Endphase.

Wenn Banken zusätzliches Geld drucken, ohne das mehr Waren und Dienstleistungen zur Verfügung stehen, dann wird das gesamte Geld auf dem aktuellen Markt abgewertet. Es bedeutet, dass Sie plötzlich weniger kaufen können, selbst wenn der Euroschein in Ihrer Hand denselben Wert zeigt.

Dieser Prozess wird Inflation genannt, und ist das Hauptinstrument der Banken, um Geld aus dem Nichts zu verdienen. Es ist außerdem die wirksamste und auch hinterlistigste Art Ihr Geld zu entwerten, und nichts anderes als Betrug.

Wie entsteht modernes Geld?

Die Geldschöpfung im 21. Jahrhundert ist mittlerweile äußerst komplex geworden, und Sie werden nur mit erheblichem Zeitaufwand und größter Anstrengung durchschauen, wie sie im Detail funktioniert.

Wäre es einfach zu durchschauen, dann würde das Vertrauen in unser modernes Geld noch schneller als bisher schwinden, und ein globaler Aufstand gegen das bestehende Geldsystem würde sich beschleunigen.

Wie moderne Geldschöpfung genau funktioniert, und weshalb wir vor der größten Revolution in der Geschichte des Geldes stehen, erfahren Sie in diesem Buch.

Erhältlich bei Amazon als E-Buch, Taschenbuch und Hörbuch.

Zeitenwende 2020

Prognose und Wegweiser zum Aufbruch in ein neues Zeitalter

Spätestens Ende April 2020 muss jedem klar gewesen sein, dass wir in einer außerordentlichen Krise stecken. Covid-19 diente dabei als Brandbeschleuniger für die Wirtschaft, und hat eine weltweite wirtschaftliche Brandrodung, die schon Jahre zuvor loderte, in Gang gebracht.

Was vielleicht nur wenige in 2020 sehen können, ist das Ausmaß dieser Krise.

Was ist eine Zeitenwende?

Eine Zeitenwende stellt einen Umbruch im historischen Geschehen dar. Um kollektive Veränderungen besser zu verstehen und damit umzugehen, hat der Mensch schon seit jeher verschiedene Methoden der Prognostik benutzt.

Prognostik bedeutet, dass wir uns Mittel und Instrumente bedienen, welche zeitlich wiederkehrende Zusammenhänge aufzeigen und verdeutlichen. Wir können uns damit auf kommende Veränderungen besser einstellen und Fehlverhalten vermeiden.

Welche Veränderungen kommen?

In diesem Buch werden Sie aufschlussreiche Einblicke in den Bereich der Prognostik erfahren. Sie werden dadurch weitaus besser verstehen, weshalb bis ins Jahr 2025 massive globale Veränderungen auf uns zukommen werden. Diese Neugestaltung wird soziale, wirtschaftliche und auch die politische Ebene betreffen.

Erhältlich bei Amazon als E-Buch, Taschenbuch und Hörbuch.

Anmerkungen

1 https://www.diamandis.com/blog/proof-of-abundance

2 https://www.diamandis.com/data

3 https://www.iea.org/

4 https://partners4prosperity.com/more-evidence-for-abundance/

5 https://www.oxfam.de/ueber-uns/aktuelles/2018-01-22-82-prozent-weltweiten-vermoegenswachstums-geht-reichste-prozent

6 https://www.focus.de/finanzen/news/die-industrielaender-im-vergleich-nur-ein-land-bezahlt-mehr-steuern-als-deutschland-mittelschicht-das-fundament-der-gesellschaft-bricht-weg_id_10581211.html

7 https://www.boeckler.de/de/boeckler-impuls-wie-sind-die-vermoegen-in-deutschland-verteilt-3579.htm

8 https://www.finanzen100.de/top100/die-grossten-borsennotierten-unternehmen-der-welt/

9 https://www.bbc.com/news/science-environment-54091048

10 https://www.nationalgeographic.de/10-erschreckende-fakten-uber-plastik

11 https://www.wiwo.de/technologie/green/mensch-vs-umwelt-diese-zahlen-zeigen-dass-die-umwelt-verliert/13551462.html

12 https://www.focus.de/thema/nasa/

13 https://www.bbc.com/future/article/20140728-why-is-all-the-news-bad

14 https://thomasherold.com/metaebene-geld/

15 https://www.amazon.de/Wendezeit-Bausteine-f%C3%BCr-neues-Weltbild/dp/3502171041

16 https://thomasherold.com/unsterblichkeit/

17 https://thomasherold.com/erloesung-hingabe/

18 https://www.handelsblatt.com/politik/deutschland/staatsverschuldung-so-hoch-ist-die-staatsverschuldung-in-deutschland/26273814.html

19 https://de.statista.com/infografik/22397/anteil-der-von-der-ezb-gehaltenen-staats-schulden/

20 https://thomasherold.com/metaebene-geld/

21 https://www.bpb.de/politik/wirtschaft/finanzmaerkte/54851/bretton-woods-system

22 https://www.laenderdaten.de/wirtschaft/waehrungen.aspx

23 https://de.statista.com/statistik/daten/studie/161486/umfrage/subventionen-an-die-deutsche-wirtschaft/

24 https://www.welt.de/wirtschaft/article109258516/Das-waren-die-schlimmsten-Infla-tionen-aller-Zeiten.html

25 https://thomasherold.com/zeitenwende-2020/

26 https://de.wikipedia.org/wiki/Viktor_Schauberger

27 https://www.faz.net/aktuell/wirtschaft/wirtschaftswissen/geldschoepfung-wie-kommt-geld-in-die-welt-11637825-p2.html

28 http://www.wirtschaftslexikon24.com/d/geldsch%C3%B6pfung/geldsch%C3%B6p-fung.htm

29 https://www.computerwoche.de/a/blockchain-was-ist-das,3227284

30 https://de.wikipedia.org/wiki/Rosa_Parks

31 https://www.thevenusproject.com/

32 https://thomasherold.com/ueberzeugungen/

33 https://de.wikipedia.org/wiki/Kardaschow-Skala

34 https://www.brucelipton.com/

35 https://de.wikipedia.org/wiki/Humangenomprojekt#:~:text=Das%20Humange-nomprojekt%20(HGP%2C%20englisch%20Human,Project)%20war%20ein%20inter-nationales%20Forschungsprojekt.